IL MODELLO DI CRESCITA GREINER PER IL CAMBIAMENTO ORGANIZZATIVO

INFORMAZIONI CHIAVE

- **Nomi:** Modello di crescita di Greiner, Modello di crescita organizzativa di Greiner.

- **Utilizzi:** Gestione delle crisi aziendali, definizione della strategia e modellizzazione della crescita organizzativa.

- **Perché ha successo?**

  - Il modello è teoricamente predittivo. In base al settore di attività dell'azienda e ai cambiamenti dei fattori ambientali, consente di individuare e anticipare la prossima crisi (cambiamento strutturale o funzionale) che l'organizzazione dovrà affrontare.

  - Consente agli utenti di identificare alcuni indicatori del passato dell'organizzazione che sono critici per il suo successo futuro.

  - Rende più facile capire come funzionano le aziende in rapida crescita (startup).

IL MODELLO DI CRESCITA GREINER PER IL CAMBIAMENTO ORGANIZZATIVO

Anticipare le crisi e adattarsi a un mondo aziendale in evoluzione

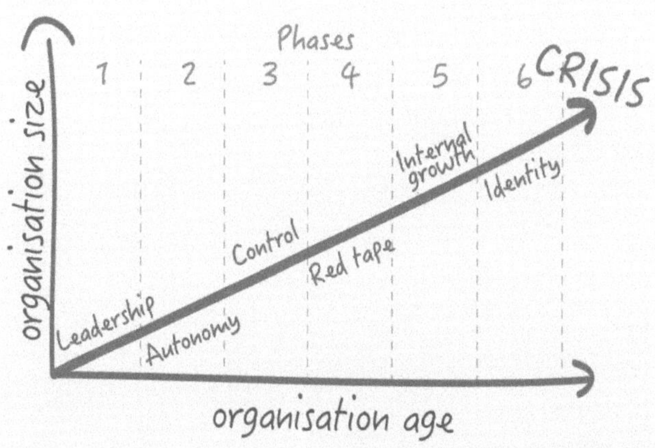

IL MODELLO DI CRESCITA GREINER PER IL CAMBIAMENTO ORGANIZZATIVO

Anticipare le crisi e adattarsi a un mondo aziendale in evoluzione

scritto da Jean Blaise Mimbang
tradotto par Sara Rossi

- **Parole chiave:**

  - <u>Cambiamento organizzativo:</u> il processo di trasformazione della struttura in un determinato contesto.

  - <u>Ciclo di vita dell'organizzazione:</u> tutte le fasi, dalla creazione all'eventuale cessazione, attraverso cui passa un'azienda.

INTRODUZIONE

> *"La storia di una qualsiasi parte della Terra, come la vita di un soldato, consiste in lunghi periodi di noia e brevi periodi di terrore."*

Questa citazione del geologo britannico Derek V. Ager, citata da Stephen Jay Gould (paleontologo americano, 1941-2002) nel suo libro *Il pollice del panda* (1982), potrebbe, per estensione, essere applicata anche agli esseri umani e alle imprese. Infatti, proprio come gli uomini, le società sono organizzazioni complesse che subiscono vari cambiamenti nel corso della propria esistenza. Questi cambiamenti comportano periodi di crisi più o meno significativi che possono minacciare la sopravvivenza stessa dell'organizzazione.

Di fronte all'attuale realtà economica della globalizzazione, tutte le imprese devono affrontare la sfida della competitività. Le aziende che riescono a vincere questa sfida sono quelle che meglio gestiscono e anticipano i momenti di cambiamento e le prossime fasi di sviluppo aziendale.

A seconda del settore di attività dell'organizzazione e dei fattori ambientali, il modello ideato da Larry E. Greiner (accademico americano, nato nel 1933) consente a un'azienda di visualizzare la fase in cui si trova attualmente e di anticipare la prossima crisi che dovrà affrontare, per trasformarla in un'opportunità per una nuova fase di crescita.

LA STORIA

Le teorie relative ai cambiamenti organizzativi sono state sviluppate a partire dal dopoguerra e vengono confrontate e associate ai tre principali periodi econo-mici che si sono succeduti a partire dal 1945 (Desreumaux, 1996):

- Il primo periodo inizia nel dopoguerra e termina all'inizio degli anni Settanta. Corrisponde a una fase di forte crescita economica globale, che ha portato a un sistema in equilibrio.

- Il secondo periodo è cominciato con l'inizio delle crisi petrolifere degli anni Settanta ed è durato fino alla crisi economica dei primi anni Ottanta. È in questa fase, caratterizzata da un elevato tasso di mortalità delle imprese e da significativi cambiamenti organiz-zativi, che nel 1972 compare il Modello di crescita di Greiner.

- Il terzo e ultimo periodo identificabile va dall'inizio degli anni Novanta a oggi. Il contesto economico di questa fase di continui cambiamenti è caratterizzato da turbolenza e imprevedibilità.

DEFINIZIONE DEL MODELLO

Secondo Larry E. Greiner, nel corso della sua esistenza, un'azienda attraversa cinque fasi di crescita ben definite, intervallate da cinque momenti chiave noti come "crisi". Il passaggio da una fase all'altra avviene attraverso adattamenti strutturali che segnano l'evoluzione del sistema organizzativo.

Le fasi di cambiamento dipendono da fattori interni (età, dimensioni, fasi di crescita e rivoluzione, ecc.) ed esterni (concorrenza, ubicazione geografica, tasso di crescita del settore, ecc.). Le cinque fasi di crescita sono:

* creatività;

* direzione;

* delegazione;

* coordinamento;

* collaborazione.

Queste fasi sono potenzialmente intervallate da cinque crisi: leadership, autonomia, controllo, burocrazia e crescita.

TEORIA

CICLI DI VITA

Così come un'organizzazione attraversa fasi di cambiamenti più o meno significativi che possono mettere a rischio la sua sopravvivenza nel corso della sua storia, gli esseri umani si sviluppano gradualmente nel tempo, attraversando periodi di crisi che possono portare alla loro scomparsa.

Ciclo di vita biologico

Il ciclo di vita biologico corrisponde al periodo di tempo in cui si svolge l'intera vita di un organismo, a partire dal suo concepimento. In generale, esso inizia con la nascita, seguita da un periodo di crescita che porta alla maturità, prima di un eventuale periodo di declino e, infine, dalla morte. A seconda del ciclo di vita studiato, la terminologia è diversa, anche se il processo rimane paragonabile.

Possiamo illustrarlo con l'esempio del ciclo biologico umano:

- Il concepimento è seguito dalla nascita e dall'infanzia. Questo è il "periodo di lancio".

- Poi arriva l'adolescenza, caratterizzata dalla proliferazione di esperienze diverse all'interno e all'esterno della cerchia familiare e corrispondente alla fase chiamata "crescita". In questo periodo, l'essere umano costruisce al meglio la propria personalità attraverso tentativi ed errori: cresce e acquisisce ogni giorno nuove conoscenze e competenze. Durante questa fase di crescita, scopre anche i propri talenti e le proprie debolezze, che lo portano a scegliere una professione, ma anche sentimenti ed emozioni, come l'amore. Tutto questo rappresenta un cambiamento positivo nella loro vita.

* Infine, gli eventi che inibiscono la crescita, come il pensionamento e la vecchiaia, si presentano inevita- bilmente, segnando il passaggio alla fase di declino. Questo "decadimento" porta alla morte, inevitabile per tutti gli organismi viventi.

L'impresa: una serie di cicli di vita

A prima vista, si potrebbe pensare che un'azienda abbia un solo ciclo di vita. Tuttavia, non è affatto così. Essa si trova spesso a un bivio, perché sperimenta molti cicli di vita diversi, tra cui quelli materiali (del prodotto, della tecnologia o del marketing), quelli umani e sociali (del personale e dell'organizzazione) e il ciclo di vita dell'at- tività che gestisce autonomamente.

* Il concetto di **ciclo di vita del prodotto** è regolar- mente utilizzato dai professionisti del marketing, poiché ogni prodotto segue un proprio ciclo di vita. Questo ha solitamente quattro fasi: lancio, crescita, maturità e declino. Tuttavia, alcuni analisti aggiun- gono una quinta fase, poiché prima di lanciare un prodotto - come nel caso dello sviluppo embrionale

degli esseri umani - l'azienda effettua ricerche di mercato, produce prototipi, ecc. Questa fase aggiuntiva è la fase di sviluppo e mira a ridurre il rischio di fallimento durante il lancio del prodotto.

- **Il ciclo di vita commerciale** è simile a quello del prodotto, con l'unica differenza che la quarta fase corrisponde a un potenziale rilancio.

- **Il ciclo di vita della tecnologia.** Come i prodotti, anche la tecnologia ha un proprio ciclo di vita che comprende quattro fasi: tecnologia iniziale, tecnologia emergente, tecnologia chiave e tecnologia di base.

- **Ciclo di vita del personale.** Anche per quanto riguarda il personale, esiste un ciclo di vita basato sulle carriere dei singoli dipendenti. Questo ciclo inizia con l'assunzione, che è seguita dalla crescita (compresa la formazione, la promozione, ecc.), dalla maturità (a questo punto il dipendente è più anziano, quindi, sarà necessario cercare un sostituto nel medio termine) e termina con il declino (licenziamento, pensionamento, ecc.).

- **Ciclo di vita dell'organizzazione o dell'impresa**, che Greiner rappresenta come un processo di crescita in cinque fasi.

CAMBIAMENTO ORGANIZZATIVO

Come promemoria, il cambiamento organizzativo è definito in riferimento a un determinato contesto o situazione. Può anche essere definito in contrasto con la continuità.

Modelli di crescita

Le teorie sul ritmo del cambiamento organizzativo si sono evolute notevolmente dalla fine degli anni Cinquanta. Per facilitare l'analisi delle diverse tipologie strutturali, possiamo prendere in considerazione le conclusioni di Alain Desreumaux (accademico francese, nato nel 1944) nel suo libro del 1996 *Nouvelles formes d'organisation et évolution de l'entreprise* (*Nuove forme di organizzazione ed evoluzione dell'impresa*).

L'autore utilizza le dimensioni di "livello di controllo degli attori" (con una distinzione tra "determinismo" e "volontarismo") e "localizzazione dei fattori" (distinguendo i fattori "endogeni" ed "esogeni" del cambiamento; alcuni teorici ritengono che l'ambiente non sia solo il motore del cambiamento, ma anche l'elemento di selezione nelle organizzazioni).

La matrice di Desreumaux fornisce una panoramica delle principali teorie relative al ritmo del cambiamento organizzativo.

- **Determinismo.** Le caratteristiche principali dei movimenti legati al determinismo sono la capacità di inerzia dell'organizzazione e il potente ruolo dell'ambiente nel modificare le sue strutture. In effetti, l'ambiente agisce come uno strumento di selezione per le organizzazioni che non hanno sviluppato la propria flessibilità, e, quindi, la propria capacità di adattarsi al cambiamento. In questa scuola di pensiero, il cambiamento viene sopportato sia dai dipendenti che possono, ad esempio, trovarsi licenziati da un giorno all'altro, sia dalle aziende che non riescono a garantire l'equilibrio finanziario. Le dimensioni storiche e culturali, la naturale resistenza umana al cambiamento, la paura dell'ignoto, ecc. sono considerati i principali ostacoli alla riorganizzazione aziendale. Questa visione neodarwiniana cerca di mostrare i limiti della capacità di adattamento delle organizzazioni. Secondo una visione radicale incarnata dai sociologi americani Michael T. Hannan e John H. Freeman (1977), i leader non hanno alcun controllo sull'ambiente, mentre la visione meno deterministica sostenuta da Jeffrey Pfeffer (specialista in comportamento organizzativo, nato nel 1946) e Gerald R. Salancik (teorico dell'organizzazione, 1943-1996) nel 1978, attribuisce un ruolo simbolico ai leader durante i periodi di cambiamento.

- **Volontariato.** Il movimento del volontariato è caratterizzato dalla capacità dei partecipanti di creare una dinamica di cambiamento all'interno dell'organizzazione. Il motore del cambiamento deriva dal ruolo proattivo dei dirigenti che hanno la capacità – e la volontà – di cambiare l'organizzazione. Il suo destino è nelle mani del dirigente e di coloro che hanno il potere. Il principale rappresentante di questa scuola di pensiero è John Child (teorico del management e delle organizzazioni, 1972). Il cambiamento organizzativo è percepito come uno strumento controllato dai dirigenti, oggetto di un'anticipazione strategica proattiva, condotta in modo graduale e continuo. Il potere strategico e organizzativo si basa sulla volontà di cambiamento dei dirigenti e sulla loro capacità di essere riconosciuti come legittimi: questo tipo di dirigente viene oggi definito "leader ispiratore". Il filone della teoria delle scelte strategiche comprende le teorie della pianificazione strategica di Gerry Johnson (professore di gestione strategica, 1987) e Alain-Charles Martinet (professore francese di scienze manageriali e gestione aziendale). Secondo questi due autori, il ritmo del cambiamento può prendere una direzione rivoluzionaria grazie alla capacità del leader di imporre scadenze per il cambiamento all'interno dell'organizzazione. Quest'ultimo, e di conseguenza la trasformazione delle strutture sociali, è il risultato di una continua interazione tra individui diversi (intelligenza collettiva che permette di considerare nuove soluzioni). Può essere inteso come "una ripetizione della formulazione di obiettivi, sviluppo, modifica e interazione tra gli attori"[1] (Giordano, 1995). Tuttavia, non esiste una sequenza fissa ed è difficile prevedere o identificare i periodi di crisi nella struttura dell'organizzazione.

Sviluppo dell'organizzazione

In generale, si ritiene che quattro fasi scandiscano lo sviluppo dell'organizzazione: la fase stabile e continua, quella di crescita senza profondi cambiamenti, quella di cambiamento incontrollato e la fase di profonda trasformazione dell'organizzazione.

- **Stabilità e continuità.**

- **Comparsa di cambiamenti incrementali:** in questo periodo, i continui cambiamenti permettono all'orga-

....

1. 50Minutes.com.

nizzazione di evolversi senza stravolgere l'intera struttura. I fattori determinanti dell'organizzazione consistono principalmente nella storia dell'azienda, nella sua cultura e nella struttura organizzativa esistente. Il cambiamento organizzativo è avviato principalmente da fattori endogeni. Le fasi di crescita sono state descritte come fasi di rivitalizzazione dagli accademici canadesi Henry Mintzberg e Frances Westley nel 1992. Nell'esempio sviluppato da Desreumaux, questo corrisponde al periodo di crescita economica tra il 1945 e il 1973.

- **Caos.**

- **Rivoluzione strutturale:** i processi rivoluzionari di cambiamento organizzativo corrispondono spesso a fasi di forte pressione da parte dell'ambiente esterno, che spingono le organizzazioni a evolversi a un ritmo rapido con il rischio di scomparire. L'azienda viene quindi spinta ai limiti della sua capacità di accettare il cambiamento. Per Desreumaux, queste fasi sono emerse con gli sconvolgimenti economici in parte legati alle crisi petrolifere della metà degli anni Settanta. Corrispondono a fasi che comportano una messa in discussione dei modelli di business, dei fondamenti della gestione organizzativa e della struttura portante dell'organizzazione. Quest'ultima è caratterizzata da una forte resistenza al cambiamento da parte di singoli e gruppi di individui.

Per superare questa fase rivoluzionaria, che Mintzberg e Westley (1992) hanno definito "periodo di turnaround", le organizzazioni dovranno concentrarsi principalmente sulla gestione di due elementi chiave, ovvero la crisi e l'emergenza. A questo punto, devono distruggere il passato per costruire il futuro.

 RESISTENZA AL CAMBIAMENTO

In tempi di crisi, il cambiamento può essere percepito dagli individui come un evento drammatico. Se la comunicazione non è chiara, possono sentirsi minacciati, temere l'incertezza e manifestare la loro opposizione spontanea (ad esempio con scioperi). La resistenza al cambiamento è una reazione naturale delle persone che cercano di proteggersi e di difendersi in questo modo da qualsiasi messa in discussione dell'equilibrio e della stabilità dell'organizzazione che possa mettere in pericolo la propria funzione e/o legittimità. Molti teorici, tra cui Jeffrey Pfeffer e Gerald R. Salancik, spiegano i meccanismi di resistenza al cambiamento (meccanismi di blocco psicologico e sociale in risposta all'incertezza, ecc.)

Connie Gersick (specialista in comportamento organizzativo, 1991) sottolinea l'importanza di prendere in considerazione la storia dell'azienda per analizzare i limiti della sua capacità di cambiamento. Inoltre, secondo Nils G.M. Brunsson (economista svedese, 1982), il processo di cambiamento rivoluzionario è caratterizzato da un cambio di prospettiva da parte dell'organizzazione, che crea incertezza, demotivazione e impedisce al processo di cambiamento di essere incrementale.

APPROCCI INCREMENTALI AL CICLO DI VITA

Come abbiamo visto, questo approccio darwiniano si ispira alla biologia: l'azienda è vista come un organismo vivente e la crescita è considerata un fenomeno naturale. Da questa prospettiva, il cambiamento organizzativo comporta una serie di cambiamenti incrementali cumulativi. L'organizzazione può accettare il cambiamento finché è limitato, mentre i cambiamenti significativi sono il risultato dell'accumulo inosservato di piccole modifiche. Questa teoria definisce la visione tradizionale del cambiamento come un processo graduale e incrementale, strutturato in sequenze logiche chiamate fasi. Il principale sostenitore di questa teoria, James B. Quinn (1980), ritiene che il cambiamento sia la somma di tanti piccoli eventi che si influenzano a vicenda.

La teoria del ciclo di vita è relativamente vecchia ed è molto utilizzata nella letteratura manageriale. In alcuni casi, può essere applicata più ai cambiamenti organizzativi che a quelli strategici.

Mintzberg e Westley hanno osservato nel 1983 che il ciclo di vita di un'organizzazione si articola in cinque fasi. La prima è quella dello sviluppo, incarnata da un leader visionario che fissa gli obiettivi. La seconda è quella della stabilità, caratterizzata dalla pianificazione della struttura organizzativa, dall'implementazione delle procedure e dalla strutturazione dell'organizzazione. Segue la fase di adattamento, caratterizzata da piccoli cambiamenti nella struttura organizzativa e nella strategia, a differenza di quella di lotta. Quest'ultima costringe l'organizzazione a trovare una nuova direzione strategica. Si osservano, quindi, nell'organizzazione disordini, sfide, giochi di potere e una messa in discussione della struttura attuale. La fase di rivoluzione comprende cambiamenti che riguardano la strategia, la cultura, le strutture e gli individui dell'azienda. Mintzberg è interessato al cambiamento incrementale e riconosce l'esistenza di periodi di cambiamenti bruschi, brevi e intensi all'interno dell'organizzazione.

IL MODELLO DI CRESCITA DI LARRY E. GREINER

Per descrivere la storia dello sviluppo dell'azienda, Larry E. Greiner (1972) suggerisce di identificare gli indicatori del passato dell'organizzazione che potrebbero essere cruciali per il suo successo futuro.

Greiner ritiene che sia importante conoscere la storia della società per identificare i fattori chiave di successo e la performance economica nel tempo. Egli sostiene che le opportunità del mercato esterno determinano la strategia di un'azienda, che a sua volta determina la struttura dell'organizzazione. Questa struttura è fondamentale per la crescita futura dell'azienda.

Secondo lui, ogni impresa passa attraverso cinque fasi ben definite durante la sua esistenza. Ogni fase è caratterizzata da un cambiamento graduale, seguito da una crisi di transizione o da un breve periodo di rivoluzione. È la risoluzione di questa crisi che consente all'azienda di passare alla fase successiva.

Fase di creatività

Questa prima fase corrisponde al lancio dell'azienda in un mercato in crescita da parte di fondatori che spesso sono tecnici o imprenditori, non necessariamente leader o addirittura manager.

La comunicazione all'interno dell'organizzazione è frequente e informale, i fondatori e i dipendenti iniziali non contano le ore e sono generalmente soddisfatti di stipendi modesti. La motivazione principale è il successo del lancio del progetto. Le loro responsabilità non sono sempre chiaramente definite, ognuno ha diversi ruoli da svolgere e portano a termine le sfide quotidiane con entusiasmo, spesso attraverso meccanismi decisionali collegiali: partecipano attivamente alla costruzione dell'organizzazione. Il rischio in questa fase riguarda gli impegni e le partenze dei membri dell'organizzazione (il concetto di *affectio societatis*), perché basta poco per squilibrare la nuova struttura.

 ## Affectio Societatis

Questo termine latino si riferisce alla relazione tra le persone che partecipano congiuntamente al capitale di una società: insieme investono, condividono il processo decisionale, condividono i benefici e i rischi, ecc. Soprattutto, l'*affectio societatis* garantisce una certa armonia, che logicamente dovrebbe durare finché l'azienda è attiva. Purtroppo, non è sempre così.

Questa situazione porta a una **crisi di leadership**. Questa si verifica quando la società, cresciuta e prosperata, deve ristrutturare le proprie attività in termini di produzione di beni e servizi, contabilità, gestione delle risorse umane, ecc. secondo il principio della "specializzazione delle funzioni". I fondatori non possono ragionevolmente avere tutte le competenze necessarie e, secondo Greiner, non sono in grado di motivare i nuovi dipendenti allo stesso modo del team iniziale. Inoltre, potrebbero non essere manager efficaci e professionali e non avere la capacità di prendere decisioni gestionali complesse.

La soluzione a questa crisi è l'assunzione di manager esperti che sappiano implementare le strutture funzionali necessarie. Tuttavia, questa operazione comporta dei rischi, in quanto i fondatori e i primi dipendenti possono essere tentati di mantenere lo spirito originario e il carattere informale dell'organizzazione (desiderio di mantenere il potere, crisi di autostima causata dal riconoscimento dei propri limiti, ecc.)

Fase di direzione

Un individuo ha preso il potere e dirige l'organizzazione, permettendole di continuare la sua crescita in un ambiente più formale e di concentrarsi su attività diverse, come il marketing e la produzione. Iniziano a comparire incentivi finanziari per motivare gli individui.

Tuttavia, arriva un momento in cui i prodotti e i processi diventano così numerosi che è impossibile per una sola persona gestire tutto in un giorno. A volte non c'è abbastanza tempo, altre volte il flusso di informazioni (prodotti e servizi) da elaborare è troppo grande. Di conseguenza, l'organizzazione entra in un nuovo periodo di crisi: l'autonomia. La **crisi dell'autonomia** è legata alla necessità di creare nuove strutture basate sulla delega, ma anche ai problemi di finanziamento legati alla crescita.

La soluzione a questa crisi comporta non solo una ristrutturazione dell'organizzazione basata sulla delega delle responsabilità di leadership ad altri membri dell'azienda, ma anche l'ingresso di capitali nazionali e/o stranieri nell'organizzazione.

Fase di delega

La soluzione alla crisi di autonomia porta a delegare il potere dall'alta dirigenza ai manager intermedi. Questi manager sono liberi di reagire rapidamente alle opportunità e alle minacce derivanti da nuovi prodotti, mercati, concorrenti, tecnologie, desideri e aspettative dei clienti. In questo modo, l'organizzazione continua a crescere.

Le persone che conferiscono il capitale non gestiscono necessariamente la società in prima persona. Nella maggior parte dei casi, nominano un agente che li rappresenti e garantisca l'uso efficiente del loro capitale.

Questa delega può portare a una **crisi di controllo**. L'amministratore delegato, che vuole continuare a risolvere da solo i problemi fondamentali dell'organizzazione, ha difficoltà a lasciar perdere. Tuttavia, la struttura dell'organizzazione è diventata troppo grande per un solo leader. Così, per orgoglio, molti fondatori provocano involontariamente la rovina delle proprie organizzazioni.

La soluzione a questa crisi richiede una delega ponderata, con la creazione di posizioni di capo dipartimento e di nuovi uffici (dipartimenti o filiali). Per andare avanti, sarà necessario ridefinire chiaramente gli obiettivi, i compiti e le responsabilità dei nuovi leader e sostenerli nei loro nuovi incarichi.

Fase di coordinamento

La crescita continua con le unità aziendali (dipartimenti o filiali, a seconda del loro status giuridico) separate e riorganizzate in gruppi di prodotti, servizi e risorse. Idealmente, gli obiettivi sono condivisi da tutta l'azienda, mentre i diversi dipartimenti, che hanno anche i loro obiettivi, godono di una relativa autonomia.

La burocrazia diventa così importante che i costi incidono negativamente sulla crescita dell'organizzazione. Crescendo in questo modo, le formalità amministrative oscurano la missione primaria dell'organizzazione. Questa fase può portare a una **crisi burocratica** caratterizzata da una perdita di flessibilità.

Per superare questa crisi, l'azienda dovrà stabilire una nuova cultura – concentrandosi sulla visione e sui compiti chiave dell'azienda – e introdurre una nuova struttura più flessibile, adattata e motivante.

Fase di collaborazione

Nell'ottica di ridurre i costi e massimizzare i profitti, le fasi di direzione e coordinamento sono guidate da una nuova leadership ispirata e motivante, che incoraggia l'organizzazione a ricentrarsi sulle proprie priorità. Le promozioni, la rotazione delle mansioni e la formazione consentono alle persone di eccellere nel lavoro. Questa fase si conclude con una crisi di crescita interna. Più in generale, Greiner ha suggerito che la crescita per collaborazione può causare una crisi futura, che però nel 1972 è rimasta indefinita.

Sviluppi futuri

Recentemente, Greiner ha aggiunto una sesta fase al suo modello originale. Suggerisce che un'ulteriore crescita potrà derivare solo dall'esternalizzazione (sviluppo di partnership con organizzazioni complementari) delle attività non essenziali dell'azienda.

Questa sesta fase, che consente la crescita attraverso soluzioni extra-organizzative, presenta una serie di vantaggi importanti:

- una rifocalizzazione delle competenze chiave dell'azienda sul suo core business;

- una riduzione delle dimensioni e della complessità della gestione (downsizing);

- contenimento dei costi (meno costi fissi relativi al personale e più costi commerciali, che possono essere influenzati dalla concorrenza);

- garanzia di qualità (il fornitore di servizi vuole mantenere la propria posizione);

- maggiore flessibilità per l'azienda, che può cambiare i partner a monte (fornitori) e a valle (distributori) in base alle proprie strategie di sviluppo.

 ## INTERPRETAZIONE DELLO SCHEMA DI SVILUPPO AZIENDALE

Ogni organizzazione vive periodi di relativa stabilità e momenti di crisi. Le persone, le strutture e le procedure che sembravano adatte quando l'azienda aveva raggiunto una certa dimensione o età non lo sono più quando essa cresce e matura. Il management, consapevole del passato della propria organizzazione, può quindi prevedere la crisi imminente, prepararsi ad affrontarla adottando misure adeguate allo stadio di sviluppo raggiunto e, così facendo, trasformare una situazione critica nel punto di partenza di una nuova fase di crescita.

Non tutte le imprese hanno già attraversato queste cinque fasi. Alcune, se si stabilizzano a una determinata dimensione e complessità, possono rimanere indefinitamente nella fase corrispondente. Solo i colossi europei e soprattutto americani si trovano attualmente nell'ultima fase del modello di crescita di Greiner. Tuttavia, qualsiasi azienda che si sviluppa dovrebbe sperimentare questi periodi successivi di calma e di crisi, con una velocità di passaggio da una fase all'altra che dipende dal ritmo di sviluppo dell'impresa e del suo settore.

Nel caso di una startup (un'azienda innovativa con un grande potenziale di sviluppo che richiede investimenti significativi per finanziare la sua rapida crescita), se l'imprenditore desidera trasformare la propria idea in realtà e offrire il prodotto o il servizio sul mercato, deve disporre non solo di risorse finanziarie, ma anche delle competenze manageriali necessarie per il lancio, lo sviluppo e la sostenibilità dell'impresa. Il processo di sviluppo di una startup può essere suddiviso come segue:

- la nascita di un'idea e la ricerca di partner e/o colleghi;

- l'impostazione del progetto in un contesto non familiare e le fasi di informazione e promozione;

- l'interesse del pubblico per il prodotto o il servizio offerto e l'inizio dei problemi di gestione delle scorte e di approvvigionamento;

- delega di autorità ai manager esperti che seguono lo sviluppo dell'azienda;

- l'azienda diventa "troppo grande", causando problemi burocratici che impediscono lo sviluppo della società; se non viene apportato alcun cambiamento alla strategia, ciò può portare al suo declino.

L'uso corretto del modello di Crescita di Greiner permette ai leader di anticipare i passi successivi e di garantire la sostenibilità dell'organizzazione, sapendo che le startup di solito godono di quattro-otto anni di crescita continua senza grandi problemi economici o gravi disordini interni.

LIMITAZIONI ED ESTENSIONI

LIMITI E CRITICHE

L'obiettivo del modello di crescita di Greiner è quello di mettere in guardia i dirigenti aziendali sulla probabile esistenza di crisi che la loro società dovrà affrontare nel corso della sua crescita. Tuttavia, questa teoria ha i suoi limiti e ha dovuto affrontare una serie di critiche:

- In primo luogo, anche se è vero che molte organizzazioni iniziano con strutture organiche non sofisticate e finiscono con strutture molto sofisticate, sarebbe irragionevole affermare che tutte le aziende passino necessariamente attraverso ciascuna di queste fasi. Alcune imprese ristagnano, regrediscono o saltano dei passaggi, mentre altre vengono acquistate da società più grandi o falliscono.

- Secondariamente, questo scenario di crescita aziendale rimane troppo teorico. Ad oggi, nessuno studio ha identificato con precisione le soglie critiche in cui si innescano le crisi. In altre parole, questo modello è più un quadro di analisi che uno strumento operativo.

- Il modello di crescita di Greiner non fa luce sulle determinanti del cambiamento o sui processi di cambiamento stessi. Inoltre, non spiega le cause del fallimento, le ragioni alla base del cambiamento o il modo in cui si sviluppano le crisi.

- Esso non consente di analizzare la fase successiva alla maturità, che è quella in cui si trova la maggior parte delle aziende attuali.

- Infine, l'autore non tiene conto nella sua analisi delle interazioni tra le diverse parti dell'organizzazione o della casualità del ritmo del cambiamento.

MODELLI ED ESTENSIONI CORRELATE

Il modello dell'equilibrio punteggiato

Questo modello si rifà alla dimensione storica, riconoscendo al leader un ruolo limitato nella gestione del cambiamento. In questo senso, è simile alla scuola di pensiero del volontariato, in quanto ritiene che la maggior parte dei sistemi abbia dei limiti in termini di cambiamento accettabile. Oltre questi, la crescita dell'azienda subisce una riorganizzazione fondamentale. Ciò è contrario al modello creato da Greiner.

I pensatori del modello dell'equilibrio punteggiato sono Elaine Romaneli (docente di gestione strategica e imprenditoriale) e Michael L. Tushman (specialista di gestione strategica) nel 1983. Entrambi affermano che un'organizzazione sperimenta lunghi periodi di stabilità intervallati da periodi di riorientamento strategico che sono traumatici per l'azienda e i suoi stakeholder. Essi caratterizzano la struttura centrale dell'azienda in base alle cinque dimensioni dei valori aziendali:

- prodotti;

- mercati e tecnologie;

- distribuzione del potere nell'organizzazione;

- struttura organizzativa;

- natura e tipo di controllo.

La principale sostenitrice della teoria degli equilibri punteggiati è Connie Gersick, che cerca di confermarne l'applicabilità nei campi del management e della biologia, su diversi livelli di analisi: individui, gruppi di individui e imprese.

Altre estensioni

Per analizzare in dettaglio i processi operativi del cambiamento organizzativo, l'esperto finanziario David Marsh (nato nel 1952) ha sviluppato una teoria del cambiamento che si concentra sulla vita quotidiana dell'organizzazione.

Secondo Andrew Pettigrew (professore di strategia e organizzazione all'Università di Oxford, nato nel 1944), il cambiamento non deve essere visto come un momento specifico tra due periodi di stabilità, ma come un elemento costantemente presente, più visibile nei periodi di crisi. Per l'autore, il processo di cambiamento organizzativo può essere compreso guardando alla cultura e alla politica aziendale. Egli sottolinea il fatto che il cambiamento organizzativo è la formalizzazione di un processo graduale, non visibile né pianificato.

Inoltre, Henry Mintzerg (1992) ritiene che ci sia un consenso sul fatto che le generalizzazioni siano meno valide dell'evidenziazione di casi, circostanze e contesti, in cui le ipotesi vengono confermate. Il cambiamento proviene dai livelli superiori dell'organizzazione e viene attuato dai livelli inferiori.

APPLICAZIONE PRATICA: KODAK

Nel gennaio 2012, una crisi ha scosso il mondo della fotografia quando un importante produttore di fotocamere, Kodak, ha dichiarato bancarotta. Tuttavia, tutto era iniziato bene per la Eastman Kodak Company.

FASE DI CREATIVITÀ

In seguito alle ricerche condotte dal suo fondatore George Eastman (industriale americano, 1854-1932), il gruppo Kodak richiese nel 1885 un brevetto sul metodo e l'apparecchio per la produzione di lastre di emulsione (supporto fotografico per ottenere foto di qualità). Con lo slogan "Voi premete il pulsante, noi facciamo il resto", il famoso marchio Kodak apparve per la prima volta nel 1888, quando furono lanciate negli Stati Uniti le prime macchine fotografiche che utilizzavano pellicole fotografiche. Da quel momento in poi, l'azienda è stata riconosciuta come innovativa: ha commercializzato e reso popolari in tutto il mondo le macchine fotografiche con pellicola fotografica e le macchine fotografiche tascabili pieghevoli.

Questa fase di crescita portò alla crisi della leadership. Con molti stabilimenti e migliaia di dipendenti in tutto il mondo, William G. Stuber (manager americano, 1864-1959) sostituì George Eastman alla guida del gruppo Kodak e rimase in tale posizione fino al 1934. A lui seguirono diversi altri manager esperti.

FASE DI DIREZIONE

Nel 1960, Kodak contava quasi 80 000 dipendenti. La crescita esponenziale dell'azienda continuò con molte invenzioni, tra cui la fotocamera digitale sviluppata nel 1975 dall'ingegnere americano Steve Sasson (nato nel 1950). Questo prodotto fu commercializzato male o non fu commercializzato affatto, per paura di danneggiare il lucroso mercato delle pellicole fotografiche, che Kodak dominava. Per molti osservatori, è stata proprio la digitalizzazione a causare il crollo della multinazionale. Con un fatturato di oltre 10 miliardi di dollari nel 1981, l'azienda era nota non solo per le macchine fotografiche, ma anche per l'uso delle immagini nei settori del tempo libero, della telefonia, della scienza, dell'intrattenimento e del commercio.

Per consolidare la propria influenza, Kodak si associò alla *Compagnie Générale des Établissements Pathé Frères Phonographes & Cinématographes* di Charles Pathé (pioniere francese dell'industria cinematografica e della registrazione, 1863-1957). Da questa associazione nacque la società Kodak-Pathé, alla base di numerose produzioni cinematografiche.

L'azienda ha continuato a investire in ricerca e sviluppo e ha quindi assunto diversi ingegneri, ma anche diversi livelli di management. Si creò così una frattura tra la direzione e i laboratori di ricerca, che portò ad alcune decisioni strategiche infelici. I dirigenti non permisero la commercializzazione di alcune innovazioni rivoluzionarie (sensori di immagine CCD, raggi X digitali, fotografia digitale, ecc.) per timore di compromettere gli elevati margini di guadagno derivanti dalla vendita di pellicole fotografiche.

Kodak ha vissuto una crisi di autonomia: molti ingegneri hanno lasciato l'azienda per commercializzare le loro invenzioni altrove, con il consenso del loro ex datore di lavoro.

FASE DI DELEGA E COORDINAMENTO

Nonostante un leggero calo, la crescita dell'azienda continuò grazie alle notevoli risorse finanziarie (per ogni dollaro di pellicola fotografica Kodak venduta, la ricerca riceveva cinque centesimi).

Si stava ora verificando una crisi di controllo: nei laboratori si diffondeva un atteggiamento di relativo laissez-faire; i servizi commerciali privilegiavano la ricerca basata sui prodotti piuttosto che sulla tecnologia o sulle esigenze dei consumatori; le discussioni e le decisioni sulla commercializzazione delle innovazioni richiedevano mesi, con conseguente perdita di tempo prezioso. A volte, i rappresentanti commerciali che avevano rifiutato un'innovazione senza analizzarla chiedevano ai ricercatori di svilupparla qualche mese dopo (crisi della burocrazia).

Per risolvere questa crisi di controllo, Colby H. Chandler fu nominato CEO di Kodak nel maggio 1983 e rimase in carica fino al giugno 1990. Fu responsabile della ridefinizione dei compiti e delle funzioni di gestione. La soluzione alla crisi burocratica sarebbe stata visibile solo dopo il fallimento nel gennaio 2012.

FASE DI COLLABORAZIONE

Confinata nel lucroso mercato delle pellicole fotografiche per molti anni, Kodak è entrata tardi nel mercato digitale e non ha avuto successo con la sua linea di prodotti EasyShare. A partire dal 2007, l'azienda ha incontrato difficoltà finanziarie. In risposta, ha deciso di vendere i suoi brevetti, di ristrutturare i suoi reparti, di creare nuove partnership, di separarsi da diverse società in tutto il mondo e di abbandonare la sua attività tradizionale (pellicole fotografiche) per concentrarsi maggiormente sulle tecnologie moderne (fotografia digitale e cinema).

Purtroppo, tutti questi sforzi non hanno portato ai risultati sperati. Nel gennaio 2012, l'azienda è stata posta sotto la protezione della legge fallimentare statunitense. Un anno dopo la dichiarazione di fallimento e la chiusura di 13 fabbriche, Kodak è ripartita con 8 500 dipendenti. Tecnicamente pronta, l'azienda ha sviluppato applicazioni (ancora in fase di prototipo) per tornare al centro della scena. Tuttavia, per far durare la timida ripresa, sarebbero state necessarie diverse innovazioni e leader ispirati e motivati.

Attualmente, Kodak offre una linea unica di stampanti a getto d'inchiostro. Queste stampanti di nuova generazione sono dotate di uno scanner che può fungere da fotocopiatrice e consentono di stampare a costi inferiori rispetto a concorrenti come HP o Epson.

SINTESI

- Larry E. Greiner ha dimostrato che nel corso della crescita di un'azienda si alternano fasi di crescita e di crisi. Questi periodi di cambiamento sono parte integrante di un'organizzazione. Per garantire la propria sostenibilità, essa deve incorporare il concetto di ciclo di vita e sfruttarlo appieno per trarne i benefici e affermarsi sul mercato.

- Le cinque fasi del ciclo di vita di un'azienda sono:

  - creatività;

  - direzione;

  - delegazione;

  - coordinamento;

  - collaborazione.

- Nonostante l'innegabile parallelismo tra il ciclo di vita delle imprese e quello degli esseri umani, alcune aziende potrebbero non vivere l'ultima fase del ciclo di crescita: il declino o la morte.

- Sebbene il modello di crescita di Greiner sia più un quadro di analisi che uno strumento operativo, il modello di equilibrio punteggiato dimostra che è possibile superare questi approcci in termini di particolari cicli di cambiamento, in particolare con il modello creato da Andrew Pettigrew.

- Infine, la storia di Kodak dimostra che l'innovazione e il cambiamento sono fattori chiave per il successo di un'azienda.

- 34 -

- Infine, la storia di Kodak dimostra che l'innovazione e il cambiamento sono fattori chiave per il successo di un'azienda.

ULTERIORI LETTURE

BIBLIOGRAFIA

Atamer, T. e Calori, R. (1998) *Diagnostic et décisions straté-giques*. Parigi: Dunod.

Barthélemy, J. (1999) L'esternalizzazione: una nuova forma organizzativa. *Atti della prima conferenza dell'Associazione internazionale di gestione strategica*.

Demers, C. (2007) *Teorie del cambiamento organizzativo: A Synthesis*. Thousand Oaks: Sage Publications, Inc.

Desreumaux, A. (1996) Nouvelles formes d'organisation et évolution de l'entreprise. *Revue française de gestion*. pp. 86-108.

Deval, E. e Nury, G. (2009) *La notion de cycle biologique inté-grée par le management*. Valence: Istituto Superiore Tecnologico di Montplaisir.

Gersick, C. (1991) Teorie del cambiamento rivoluzionario: A Multilevel Exploration of the Punctuated Equilibrium Paradigm. *Academy of Management Review*. Volume 16, pagg. 10-36.

Giordani, Y. (1995) Management stratégique et change-ment organisationnel : quelles représentations? *Le nuove forme organizzative*. Parigi: Economica. pp. 161-179.

Gould, S. J. (1990) *Il pollice del panda*. Londra: Penguin.

Greiner, L. E. (1972) Evoluzione e rivoluzione nella crescita delle organizzazioni. *Harvard Business Review*. pp. 37-46.

Henriet, B. (1999) La gestion des ressources humaines face aux transformations organisationnelles. *Revue française de gestion*. pp. 82-93.

Lemaire, L. (2003) *Systèmes de gestion intégrés. Tecnologie a rischio?* Parigi: Éditions Liaisons.

Mintzberg, H., Thomas, J. M. e Bennis, W.G. (1972) *Strategy Safari: The Management of Change and Conflict*. New York: The Free Press.

Peretti, J. -M. (1998) *Ressources humaines et gestion du personnel*. Parigi: Vuibert.

Perret, V. (Senza data) *Rythme et processus de changement: processus incrémental ou révolutionnaire.* Dossier Management du Changement et TIC. [Online]. [Consultato il 23 dicembre 2014]. Disponibile da: < http://dea128fc.free.fr/CoursA/A2-ManagementChangement&TIC/expo/valery/DEA128FC-Processus%20incr%E9mental%20et%20r%E9volutionnaire.pdf>

Perret, V. e Josserand, E. (2003) *Le paradoxe. Pensare e gestire diversamente le organizzazioni.* Parigi: Éditions Ellipses.

Pettigrew, A. (1987) Contesto e azione nella trasformazione dell'impresa. *Journal of Management Studies*. 24(6), pp. 649-670.

Quinn, J.B. (1980) *Strategie per il cambiamento: L'incrementalismo logico.* Homewood, Illinois: Richard D. Irwin, Inc.

Reix, R. (1990) L'impatto organizzativo delle nuove tecnologie dell'informazione. *Revue française de gestion*. pp. 100-106.

Romanelli, E. e Tushman, M. (1996) Inerzia, ambiente e scelta strategica: A Quasi-Experimental Design for Comparative Longitudinal Research. *Management Science*. 32(5), pp. 608-621.

FONTI AGGIUNTIVE

Mullins, L. J. (2016) *Management e comportamento organizzativo.* Edimburgo: Pearson.

Vogliamo conoscere la vostra opinione!
Lasciate un commento sulla vostra biblioteca online
e condividete i vostri libri preferiti sui social media

IMPROVE YOUR GENERAL KNOWLEDGE

IN THE BLINK OF AN EYE!

www.50minutes.com

L'editore garantisce l'affidabilità delle informazioni pubblicate,
che non possono tuttavia impegnare la sua responsabilità.

Master ISBN: 9782808064798
ISBN cartaceo: 9782808065085
Deposito legale: D/2022/12603/95

Design digitale: Primento,
il partner digitale degli editori.